4

eberhard brügel

kleine zeichenschule
pflanzen und bäume

CHRISTOPHORUS

Einführung

Der Baum gehört zur selbstverständlichen Umwelt des Menschen. Wo er fehlt, wird er vermißt. Gruppen finden sich zusammen, um für den Erhalt von Bäumen oder gar eines einzelnen zu streiten. Frühe Kulturen sahen in ihnen den Wohnsitz der Götter oder verehrten sie als Götter. In den Liedern, Gedichten und Bildern tauchen sie auf als Zeichen der Beständigkeit, Einsamkeit, Geborgenheit oder als Ausdruck anderer Empfindungen und Stimmungen. Die hoch aufgereckte Gestalt dient zum Vergleich mit dem Menschen selbst, und es gibt genügend Beispiele aus den Mythologien, welche die Verwandlung des Menschen in einen Baum schildern.

Im vorliegenden Heft soll aber nicht über diese Bezüge berichtet werden, sondern über zeichnerische Darstellung und Gestaltung. Es kann dabei aber auch nicht die Aufgabe sein, möglichst viele und unterschiedliche Baumarten vorzustellen. Botaniker benötigen dazu mehrere Bände. Vielmehr wird versucht, von verschiedenen Gesichtspunkten aus einen Zugang zur zeichnerischen Bewältigung zu öffnen. Die dabei gewonnenen Fertigkeiten können auf andere, hier nicht vorgestellte Beispiele übertragen werden. Das Thema wurde noch durch die „Pflanzen" erweitert, da in ihnen verwandte Darstellungs- und Gestaltungsprobleme auftauchen.

Bäume

Bei der Darstellung von Bäumen sollten gleich mehrere Gesichtspunkte beachtet werden: das Erfassen der Gesamtform, das Erkennen der Proportionen – was anfangs oft vernachlässigt wird –, der Verlauf und organische Übergang vom Stamm zu den Ästen. Wichtig ist vor allem, die beiden unterschiedlichen Formen von Stamm/Ästen und der Krone zu einer zeichnerischen Einheit zu verschmelzen. Da ferner nicht jeder einzelne Ast und jeder Zweig dargestellt werden können, wird man in jedem einzelnen Fall, d. h. vor dem Objekt, eine zeichnerische Formel entwickeln oder erfinden müssen. Das erfordert und fördert zeichnerische Phantasie.
Um sich nicht gleich in der Vielfalt der Einzelheiten zu verlieren, empfiehlt es sich, häufig und schnell zu skizzieren. Man verwende dazu ein Material, das nicht immer wieder zubereitet werden muß, am besten den Graphitstift, Kreide, Füller oder auch die zu Unrecht für zeichnerische Anwendung verschrienen Kugelschreiber und Filzstifte.
In jedem Baum können eigene Formeigenschaften entdeckt werden. Die beiden Bildbeispiele sind ein Beleg dafür: Der entlaubte Obstbaum zeigt das organische Gerüst von Stamm, Ästen und Zweigen. Die Erscheinung der hohen Kiefer wird dagegen vom Stamm und den um ihn gelagerten Büscheln bestimmt.
Jeder Baum wurde in wenigen Minuten skizziert. Zur Darstellung des Apfelbaumes wurde ein weicher Graphitstift (2B) verwendet. Zuerst wurden die Hauptrichtungen festgelegt, dann erst die Verästelung und die Verzweigung. Das Gewirr der Zweige legt Grauzonen fest, die nicht gleichmäßig über die Krone verteilt sind. Daß die Zweige in der Luft hängen, also nicht organisch aus den Ästen herauswachsen, spielt bei dieser Art eines ersten zeichnerischen Zugriffs keine Rolle.
Zur Skizze der Kiefer wurde zuerst ein schwarzer Wachsmalstift, dann eine wesentlich weichere Kreide verwendet. Mit dem Wachsmalstift wurde die Form in der Weise ertastet, daß der Stift, ohne abgesetzt zu werden, schnell und unter leichtem Druck herumgeführt wurde. Als die endgültige Form annähernd erreicht war, legte die schwarze Kreide die wesentlichen Linien fest. Die Büschel, die sich hinter dem Stamm befanden, erhielten eine raumklärende Schraffur.

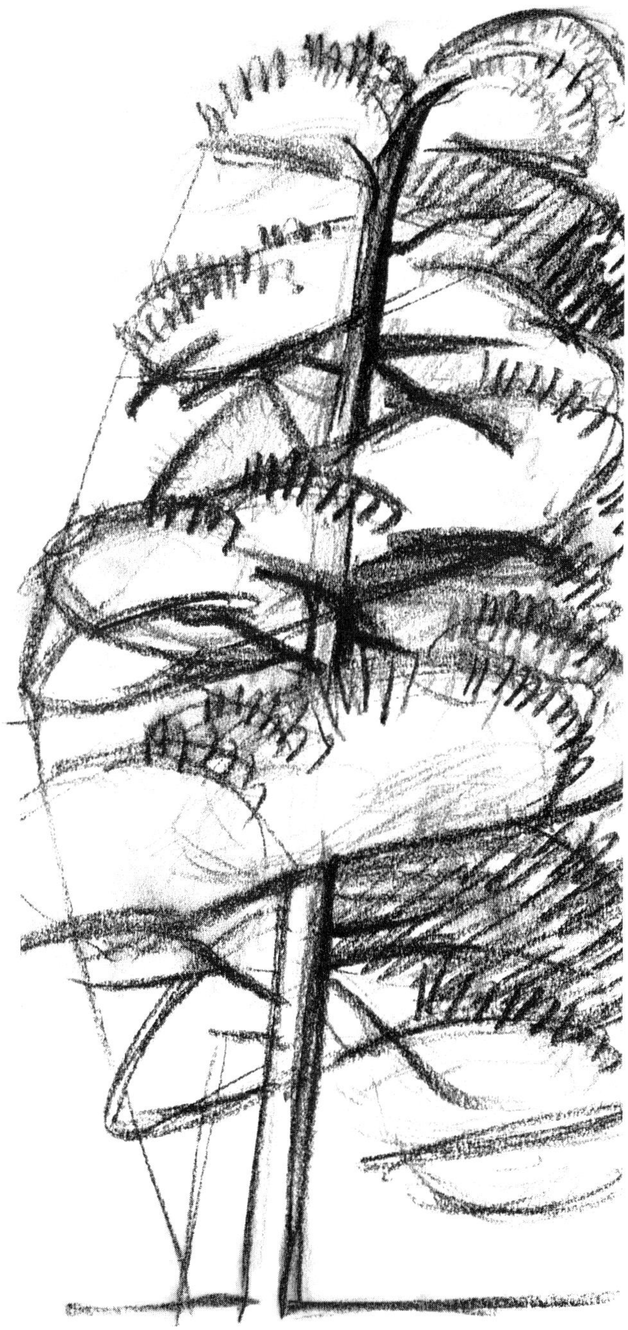

Lineare Darstellung

Mit dieser Form der Darstellung wird das Augenmerk vorwiegend auf Stamm, Äste und Zweige gelenkt. Die häufigsten Fehler sind hier: 1. Stamm und Äste werden zu rund wiedergegeben, sind gummiartig weich. Die absolut runde Form ist in der Natur jedoch eine sehr seltene Ausnahme. Selbst die Äste der Trauerweide zeigen viele Knicke, die, da sie organisch weiche Übergänge aufweisen, erst bei genauer Beobachtung bemerkt werden. 2. Der Ast wird dicker gezeichnet als der Stamm. Denselben Fehler findet man oft auch bei dem vom Hauptast abweichenden Ast oder Zweig. 3. Die Übergänge von Stamm zu Ast, von Ast zu Ast bzw. Zweig werden in großzügigen Bögen wiedergegeben. Die Übergänge verlaufen jedoch in relativ kleinen Bögen. Sicher finden sich in der Natur Gegenbeispiele. Man sollte sich aber auch in diesem Fall vor allzu weichen Formen hüten. Es steckt mehr „Architektur" in den Bäumen als man zunächst vermutet. Die erste Abbildung zeigt das „Gerüst" des Baumes. Stamm, Äste und Zweige setzten sich aus geraden Bändern zusammen. Auch jene Teile, die beim konkreten Vorbild von Laub verdeckt waren, wurden wiedergegeben, da es um den lo-

gischen Zusammenhang ging. Äste und Zweige sind entsprechend des Vorbilds in manchen Zonen verdichtet. Aus gestalterischer Überlegung heraus – Kontrast von dichten und lockeren Stellen – wurde diese Verdichtung etwas übersteigert.
In der zweiten Abbildung sind die Übergänge organisch gerundet, ohne jedoch weich zu erscheinen.
Das Laub ist eingezeichnet. Das Vorbild war der in Nordamerika beheimatete Trompetenbaum (genannt nach seinen länglichen Früchten). Man findet ihn heute immer öfter in Parkanlagen oder Gärten. Seine großen Blätter erlaubten es, einzeln wiedergegeben zu werden, ohne daß die Zeichnung in „Sklavenarbeit“ ausartete. Es wurden jedoch nur die Blätter, die sich vor, neben oder direkt über dem Stamm befanden, gezeichnet. Die übrigen wurden mit Linien zu Laubbüscheln zusammengefaßt. Der dünne Strich vermittelt dabei räumliche Tiefe.
Die Zeichnung auf der 1. Umschlagseite zeigt als letzte Phase zusätzlich die Schraffur. Diese sollte den Eindruck eines gewölbten Raumes wiedergeben, der gleichermaßen durch den weit ausladenden, lichten Baum selbst und den nahen Standort des Zeichners hervorgerufen wurde.

Körperhafte Darstellung

Stämme und Äste der Buchen besitzen eine besonders ausgeprägte körperhafte Qualität. Diese kommt durch die relativ glatte Rinde besonders zur Geltung, weil Licht und Schatten sich deutlich abzeichnen und kontinuierlich auslaufen. Im oberen Teil der ersten Abbildung sieht man die skizzenhafte Anlage der Äste. Diese sind meist als gerade verlaufende Bänder wiedergegeben. Die schraffierten Dreiecke veranschaulichen, wie auch die Zwischenräume bei der Wahrnehmung der Richtungen eine hilfreiche Orientierung bieten.

Das schraffierte Dreieck rechts oben legt die Maßverhältnisse innerhalb einer Astgabel fest.

Linien, die sich an andrer Stelle der Zeichnung befinden, können ebenfalls zum Abschätzen benutzt werden. Dabei ist es unwesentlich, ob die Verlängerung der Linien direkt in andere Linien hineinläuft. Es ist bereits eine Information, wenn man erkennt, daß eine Linie nur geringfügig neben einer anderen liegt, mit dieser aber in der Richtung übereinstimmt. (Eine Orientierungslinie wurde in der ersten Abbildung gekennzeichnet.)

In der Bildmitte wurde ein Ast aus Röhren zusammengesetzt. Dort wo die Röhre in schräger Richtung an den senkrechten Stamm stößt, entsteht ein Oval. Wo der Ast die Richtung wechselt, kennzeichnet die Schnittstelle etwa die Mitte der beiden Richtungen. Der Pfeil am Ende des Aststumpfes verweist darauf, daß der Ast schräg abgesägt wurde.

In der Bildmitte und unten wurden die geraden Bänder entsprechend dem konkreten Vorbild abgerundet und die plastischen Teilformen eingezeichnet. Dabei wurde klar, daß sich Ast und Stamm aus ineinander gedrehten Wachstumssträngen wie bei einem Seil zusammensetzen. Die Äste, wie man unschwer erkennen kann, sind bereits im Stamm angelegt. Der Übergang zu den Wurzeln vollzieht sich in derselben Weise.

Die zweite Abbildung zeigt die Anlage des Schattens. Die Striche wurden zwar zum Teil wegradiert, durch den Schatten bleibt aber der körperhafte Eindruck erhalten. Gegenüber der Abbildung links wurde hier die Einheitlichkeit des Baumes angestrebt.

Die fertige Zeichnung zeigt zwar einen stärker durchgeformten Schatten, bringt aber im Prinzip keine neuen Gesichtspunkte, höchstens, daß die Vereinheitlichung durch größere Dunkelzonen noch intensiver verfolgt wurde.

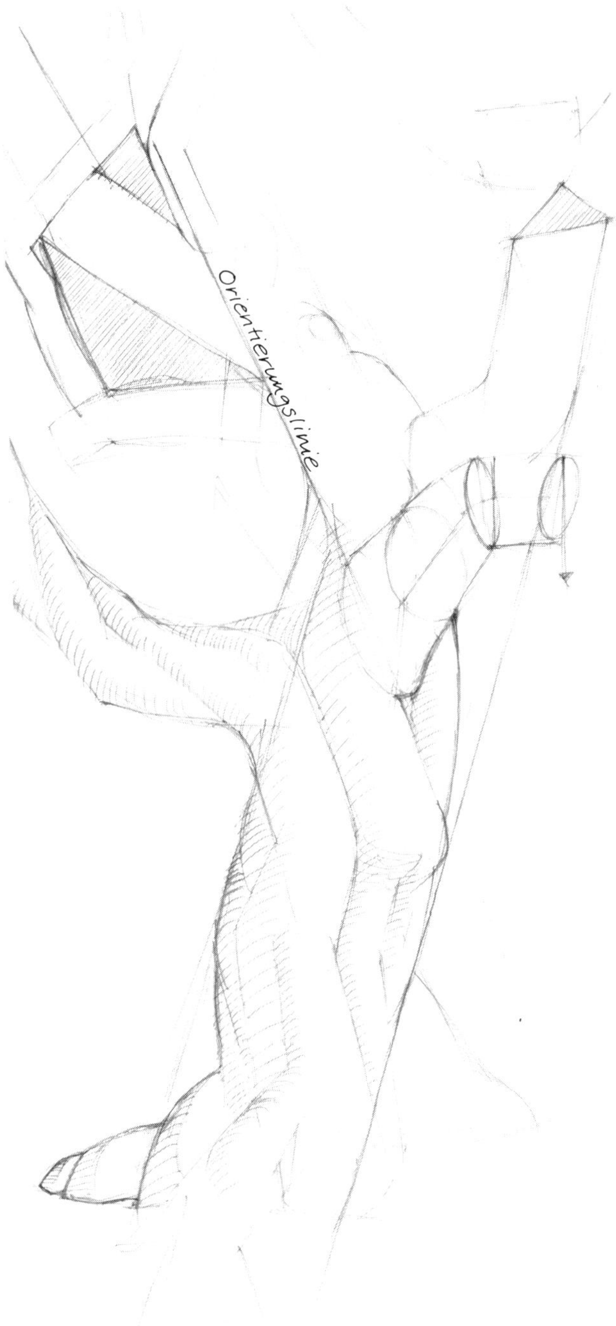

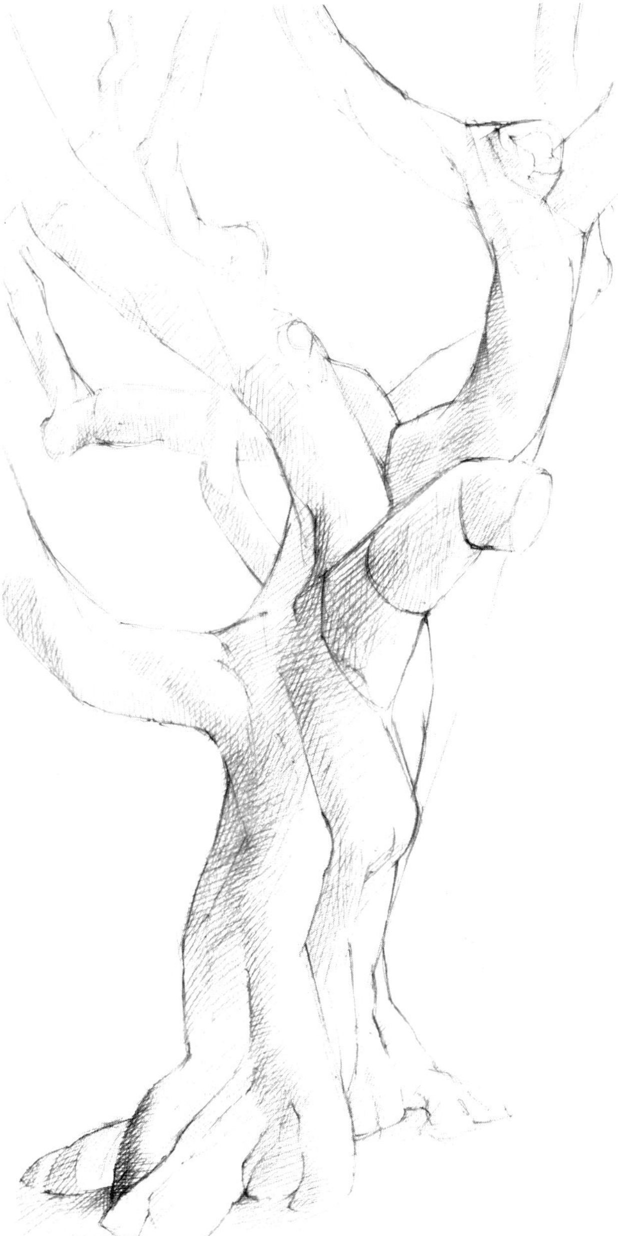

Oberflächenstruktur

Beim Auseinanderwachsen von Stamm und Ästen platzt die äußere Schicht der Rinden. Dieser Vorgang vollzieht sich fortwährend. Es entsteht dabei eine Struktur, die bei den einzelnen Baumarten recht unterschiedlich aussieht. Die Abbildung links zeigt die ausschnitthafte Darstellung von zwei Eichen. Die Rinde ist voller tiefer Risse, die in Richtung der Wachstumsbahnen von Stamm und Ästen verlaufen. Nachdem die Stamm- und Astformen skizzenhaft angelegt waren, wurden die Flächen mit kleinen Strichen und Punkten gefüllt. Dieses Füllen darf jedoch nicht als gedankenloses Zu-Ende-Zeichnen mißverstanden werden (im Künstlerjargon: stricken). Vielmehr muß genau geprüft werden, in welcher Richtung die Striche verlaufen, d. h. der Zeichner empfindet die Wachstumsrichtungen und die im Stamm bereits angelegte und in der Rinde spürbare Verästelung nach. Auch der Wechsel zwischen eng- und weitgesetzten Strukturelementen, zwischen hellen und dunklen Strichen verleiht der Rinden-Struktur einen dynamischen und malerischen Charakter. Die Struktur im unteren Teil ist gröber; mit kleinen Querstrichen, welche die Eichenrinde im Stamm auch wirklich aufweist, wird dieser Eindruck erreicht.
Der rechte Baum ist etwas zurückversetzt, seine Struktur ist etwas offener gehalten, wodurch er geringfügig heller erscheint und sich vom linken Baum besser abhebt.
Am Ende der Zeichnung sollte der Eindruck entstehen, als ob die Form der Bäume aus der Struktur der Rinde heraus entwickelt worden sei. Man scheue sich auch nicht, gelegentlich die Struktur über die in der zeichnerischen Anlage skizzierte Umrißlinie hinaus zu zeichnen.
Es war vor allem van Gogh, der seine Landschaften aus solchen Strukturen aufbaute. Er verwandte für die Zeichnung Rohrfeder, während hier ein weicher Bleistift (2 B – 4 B) benutzt wurde.

Es lohnt sich, einen Stamm von der Nähe anzuschauen. Die Rindenstrukturen besitzen eine hohe Formenvielfalt. Selbst an einem einzigen Stamm kann sich deren Charakter ändern. Bei der Wahl eines zeichnerischen Mittels sollte die Eigenart der Rindenstruktur berücksichtigt werden. So bietet sich das Hell-Dunkel für Platane und Birke (Seite 9, obere Reihe) nachgerade an, während andere Beispiele (Kastanie und Eiche, unten) eher die Linie nahelegen. Auch körperhafte Qualitäten können beachtet werden (Birke, oben rechts und Eiche, unten rechts).

Malerische Darstellung

Bei diffusem Licht tritt die Körperhaftigkeit der Dinge zurück. Malerische Werte kommen zur Geltung. An den Gegenständen spielt sich ein Wechsel von Licht und Schatten und deren Zwischentönen ab. Farbunterschiede werden genauer wahrgenommen.

In der Zeichnung einer alten, dickstämmigen Buche wurden Stamm und Äste nur andeutungsweise notiert. Nach diesen ersten Anhaltspunkten wurde sofort mit der Schraffur begonnen. Dabei wurde nur gelegentlich die Grenze des Stammes durch unterschiedliche Grauwerte betont. Das Interesse galt vielmehr den Dunkelzonen, die in sich weiter differenziert werden sollten.

In der letzten Zeichnung zeigt sich eigentlich kein neuer Gesichtspunkt. Dunkelheiten wurden lediglich verstärkt oder hinzugefügt, hellere Stellen weiter ausdifferenziert.

Die malerische Gestaltung hat den Vorteil, daß Stamm und Äste einerseits und die Laubkrone andererseits mit demselben zeichnerischen Mittel verwirklicht werden, ohne daß eine lineare Formulierung die Gefahr eines stilistischen Bruches bietet.

Die malerische Gestaltung wurde und wird – wie könnte es auch anders sein? – vor allem von Malern gepflegt. Unterschiedliches Temperament kommt in der Empfindsamkeit bzw. Heftigkeit der Strichführung (Handschrift) zum Ausdruck (siehe auch das Heft „Zeichnerische Mittel“). Teilweise wird die Form der Gegenstände noch beibehalten (z. B. bei Cézanne), teils wird diese fast völlig aufgelöst (z. B. bei Corinth).

Unterschiedliche zeichnerische Lösungen Seite 12/13

Wo Bäume extremer Witterung ausgesetzt sind, entwikkeln sie oft bizarre Formen, ob es nun die zu Latschen verkrüppelten Nadelbäume im Hochgebirge sind oder die dem ständigen Wind ausgelieferten Bäume an Seen, in den Steppen oder auf Hochebenen.

So besitzen auch die Buchen auf dem Schauinsland (Schwarzwald), die den heftigen Weststürmen trotzen, einen besonderen Reiz. Sie neigen sich, der ständigen Gewalt sich beugend, nach Osten. Steht man jedoch unmittelbar vor ihnen, wird das Gegenspiel von Widerstand und Nachgeben im Wachstum des Stammes und der Äste sichtbar.

Die Zeichnung von Seite 13 versucht, diesen Eindruck wiederzugeben, ohne daß noch andere zeichnerische Mittel eingesetzt wurden, die Dynamik, welche in der Wachstumsform des Baumes sichtbar wird, zusätzlich zu steigern.

Der Stamm löst sich, teilweise von Laub verdeckt, im Geäst der Krone allmählich auf.

Linienzeichnung und Schraffur deuten einerseits die Körperhaftigkeit der einzelnen Laubkronen, andererseits den fast kuppelhaft gewölbten Raum der gesamten Laubkrone an. Obwohl sich die Teilformen, aus der Nähe betrachtet, deutlicher abzeichnen und abgrenzen, wurde hier versucht, diese durch Helligkeiten bzw. Dunkelheiten zusammenzufassen, um die einheitliche Gestalt des Baumes nicht zu zerstören. Die Richtung der Schraffur in der Schattenzone wurde im Stamm aufgenommen, um Laub und Stamm formal zu verbinden. Im Stamm des Baumes ganz rechts reicht der Schatten der Krone in den Stamm und läuft hier relativ früh aus. Dadurch wird neben der Verbindung Laub/Stamm auch zwischen reiner Linienzeichnung und Schraffur vermittelt.

Räumliche Tiefe erhält das Bild durch die kleinen Bäume links im Hintergrund. Die großzügiger gesetzte Linie, welche für die Laubstruktur benutzt wurde, und die einschichtige Schraffur betonen die größere Distanz. (Zum Hintergrund nimmt die Detailschärfe ab. Siehe auch Heft „Zeichnerische Raumdarstellung“!)

Mit sattem Rohrfederstrich wurden klare Grenzen gezogen und tiefe Dunkelheiten erzielt. Der „trockene“, hellgraue Strich vermochte, vom rauhen Ingrespapier begünstigt, hellere Partien zu gliedern, ohne deren Einheit zu zerstören.

Die Zeichnung ist dreimal so groß wie die Abbildung.

Bei der Zeichnung auf Seite 12 ging es nicht um die Darstellung eines einzelnen Baumes, sondern um Baumgruppen, die mit ihrer Anordnung den leicht hügeligen Charakter eines Bergrückens wiedergeben. Die Zeichnung der Baumkronen wurde nicht von der Laubstruktur hergeleitet, sondern von der Richtung, in welche sich die einzelnen Kronen neigten.

So erfolgt ein rhythmischer Richtungswechsel, der auch die unterschiedliche Widerstandskraft der einzelnen Bäume veranschaulicht.

Das erfundene Zeichen für Laub, das eine gewisse Dynamik besitzt, läßt sich nicht auf den knorrigen Charakter der Stämme und Äste übertragen. Aus diesem Grund wurde hier die einfache Linienzeichnung benutzt, wobei die gelegentliche Verdoppelung der Striche Körperlichkeit geringfügig andeutet.

Baumgruppen

Nun sollen die Möglichkeiten vorgestellt werden, den Baum in seine Umgebung einzubinden. Ein Grundsatz sollte dabei stets beachtet werden: Die Umgebung wird von Anfang an in der Zeichnung mitberücksichtigt.

In der skizzenhaften Anlage des **dörflichen Obstgartens,** Seite 14, wurden neben den Hauptlinien der Bäume zugleich jene der Häuser im Hintergrund festgelegt. Auch in der weiteren Ausgestaltung wurden Bäume und Architektur gleichmäßig und gleichzeitig behandelt, damit ein formaler Bruch vermieden werden sollte. Die Strukturen von Dach, Holzgitter und Zaun durchdringen sich mit dem Geäst und bilden neben der dadurch erzielten noch stärkeren Verbindung einen kompositorischen Akzent.
Die **Piniengruppe,** Seite 15, wurde mit einem schmalen Borstenpinsel (Nr. 4) und Tusche ausgeführt. Für die zeichnerische Anlage diente der „trockene" Pinsel, d.h. der fast völlig ausgewischte Pinsel, welcher nur einen hellgrauen Strich hinterläßt (siehe auch Heft „Zeichnerische Mittel").
Dieser Zustand blieb aus Demonstrationszwecken auf der rechten Seite erhalten. Auch in dieser Zeichnung wurden alle Pinien einschließlich des Hintergrundes von Anfang an berücksichtigt. Die weitere Ausgestaltung bestand darin, die Dunkelheiten zu verstärken und die großen Formen, vor allem die Teilkronen detaillierter wiederzugeben. Dabei wurden Dunkelheiten bzw. Helligkeiten über die Einzelform hinaus in den Nachbarbereich hinübergeführt, um den Eindruck einer Baumgruppe zu erzielen.

Man muß sich bei diesem Verfahren davor hüten, vorschnell dunkles Grau oder gar Schwarz zu verwenden, da die Bildfläche schneller als eigentlich beabsichtigt zugestrichen ist. Einen Vorteil bietet das Verfahren dadurch, daß mit dem Pinsel die Nadelstruktur der Pinie ohne großen Aufwand wiedergegeben werden kann.

Die Zeichnung des **Waldrandes,** Seite 18/19, zeigt einen Misch-Laubwald: Pappeln, Eichen, Buchen, Akazien bilden den Grundbestand. Das Licht kommt von links.

Es bestehen bei diesem Motiv vor allem zwei Schwierigkeiten: 1. Die einzelnen Bäume dürfen sich nicht zu sehr gegeneinander abgrenzen. Das Bild bestünde sonst aus einer Ansammlung von Bäumen, während doch der Charakter eines Waldes erzielt werden soll.

2. Andererseits muß die einzelne Form so weit herausgearbeitet werden, daß der einzelne Baum wahrgenommen werden kann. Ansonsten würde alles zu einem „Brei" zusammenfließen.

Die Bäume wurden zuerst mit wenigen Strichen festgehalten. Dabei wurden nur die übergeordneten Gesamtformen mit einigen großen Teilformen berücksichtigt. Oft wird der Fehler gemacht, die Bäume als Kugeln oder Ovale (im Künstlerjargon: als Knödel und Eier) wiederzugeben. Bäume sind jedoch wesentlich spannungsvoller geformt. Es empfiehlt sich, die Formen mit geraden oder zumindest leicht gebogenen Strichen zusammenzusetzen, um der oben genannten Gefahr auszuweichen.

Bereits jetzt sollte man die dunklen Zonen mit Schraffuren festhalten (linke Seite).Dunkle, helle Stellen fließen jeweils zusammen und geben Licht und Schatten in der

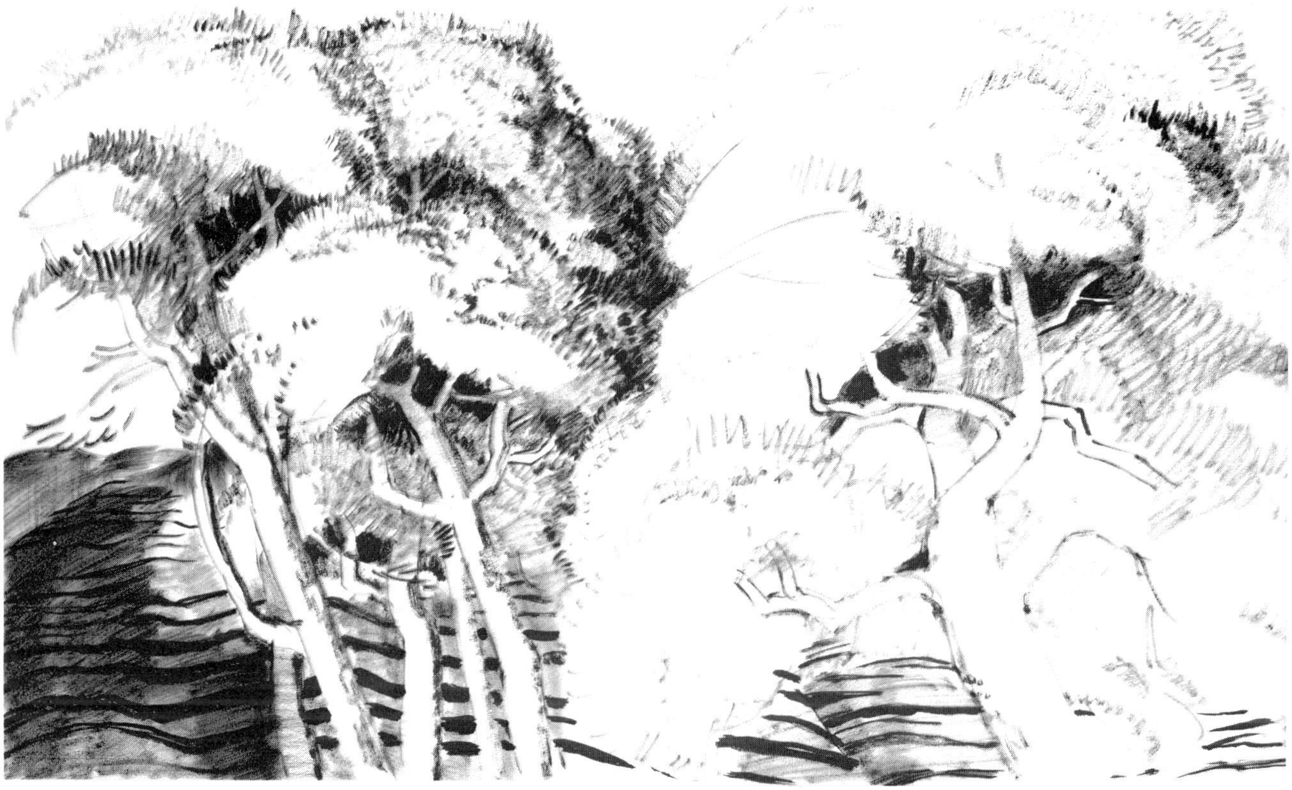

grundlegenden Verteilung an. Dabei gleiten Licht- und Schattenzonen der einzelnen Bäume ineinander über und garantieren somit den Gesamtzusammenhang des Waldstückes. Man hält mit der Linienzeichnung die einzelne Baumform fest und stellt mit den Schraffuren schon relativ früh im Zeichenvorgang deren Verbindung her. Würde man jetzt den einzelnen Baum mit Laubstruktur und Schraffur durchzeichnen, dann würde man der oben zuerst genannten Gefahr erliegen. Eine Verbindung der einzelnen Bäume durch nachträgliches Schraffieren der großen Schattenzone ist nur schwer zu erreichen. Die rechte Seite zeigt den fertigen Zustand der Zeichnung. Die Laubstruktur ist hauptsächlich in den Schattenzonen zu sehen, etwa wie bei einem überbelichteten Foto. Enge Setzung der Struktur und die Verwendung des weichen Bleistifts (zwischen 2 B und 6 B) erzielen tiefe Dunkelheiten. Gelegentliche Laubstruktur in den hellen Zonen vermeidet, daß die Lichtpartien gegenüber den Schattenzonen zu flach erscheinen.

Das Original der Zeichnung ist fast doppelt so groß wie die Abbildung.

Die **Felsenschlucht,** Abbildung Seite 16/17, ist von den unterschiedlichen Grauwerten her aufgebaut. Die Vorzeichnung mit einigen skizzenhaften Strichen diente nur der Orientierung. Im nächsten Schritt wurden die Dunkelheiten festgelegt, welche die eigentliche Komposition ausmachen. Auch hier wurden Einzelheiten noch nicht berücksichtigt, wie man auf der linken Seite der Zeichnung sehen kann. Wer Interesse an einer großzügigen Zusammenfassung der einzelnen Gegenstände hegt (hier der

Bäume, Felsen und des Waldbodens), kann die Zeichnung auf dieser sozusagen abstrakten Ebene belassen und sich noch intensiver mit der Hell-Dunkel-Gestaltung befassen.
Auf der rechten Seite wurden die Einzelheiten genauer herausgearbeitet, jedoch nicht in der Art, daß sie sich von der Umgebung völlig abschließen würden. Der Baum rechts vorne fügt sich in die helleren Partien der Umgebung ein. Auf diese Weise kommt auch eher das Wurzelwerk als die einzelne Wurzel zur Geltung. Auch die Felsen öffnen sich an ihrer hellsten Stelle zum Wald und fügen sich trotz ihrer insgesamt tiefen Dunkelheit in den Gesamteindruck ein. Diese beschriebene Wirkung stellt sich ein, wenn man die Detailzeichnung abwechselnd mit dem Schraffieren, also in enger Verbindung vornimmt.
Lineare Elemente wie die Äste rechts, die schmalen Stiele rechts oder einzelne Blätter Mitte oben lockern die vorwiegend aus Flächen aufgebaute Zeichnung auf.
Für die Hell-Dunkel-Gestaltung eignen sich Motive in einem diffusen Licht. Im Seitenlicht erscheinen dagegen die Dinge körperhafter und neigen dazu, sich von ihrer Umgebung abzugrenzen.
Als besonders geeignet hat sich der schwarze Farbstift mit weichem Härtegrad erwiesen. Seine Variantenbreite zwischen hellstem Grau und tiefem Schwarz ist erstaunlich. Außerdem schmiert er kaum.
Das Original ist etwa doppelt so groß. Ein großes Format begünstigt ein rhythmisches Schraffieren, was der gesamten Zeichnung eine größere Frische verleiht.
Gezeichnet wurde dieses Bild in der Wolfsschlucht bei Kandern (Schwarzwald).

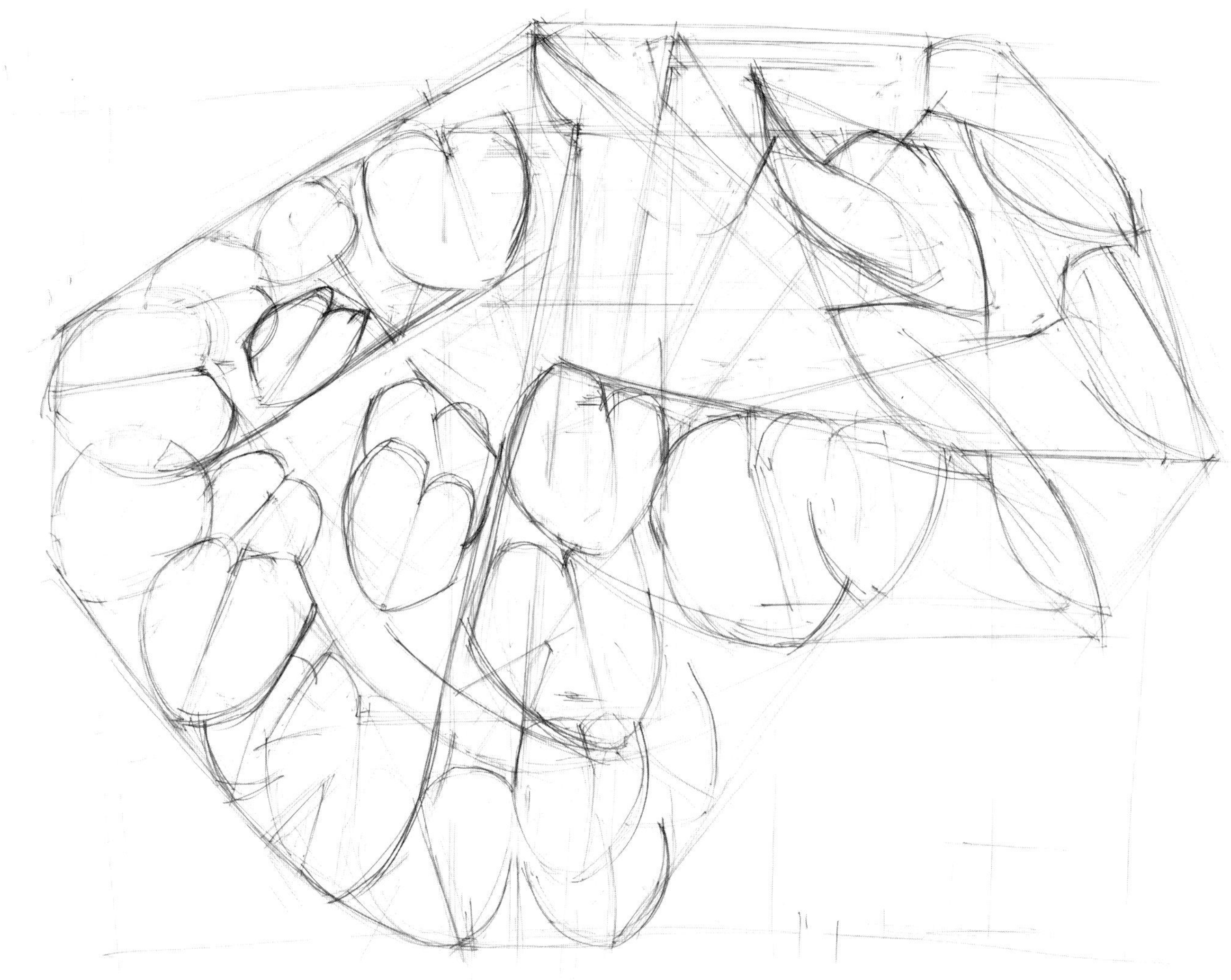

Pflanzen

Philodendron

Auf den ersten Blick scheint ein Philodendron von einer verwirrenden Fülle zu sein. Aber auch hier können nach einer Weile angestrengter Beobachtung klare Formen und eine gegliederte Ordnung entdeckt werden. Dieses Beobachten wird um so erfolgreicher, wenn man sofort mit der zeichnerischen Anlage beginnt. Dabei lohnt es sich vorerst überhaupt nicht, sich mit der einzelnen Blattform zu befassen. Vielmehr sollte man sich zeichnend an jene Form herantasten, in welche man die Philodendron-Staude einfügen kann. Hierbei muß man möglichst genau vorgehen. Der am gestreckten (!) Arm senkrecht gehaltene

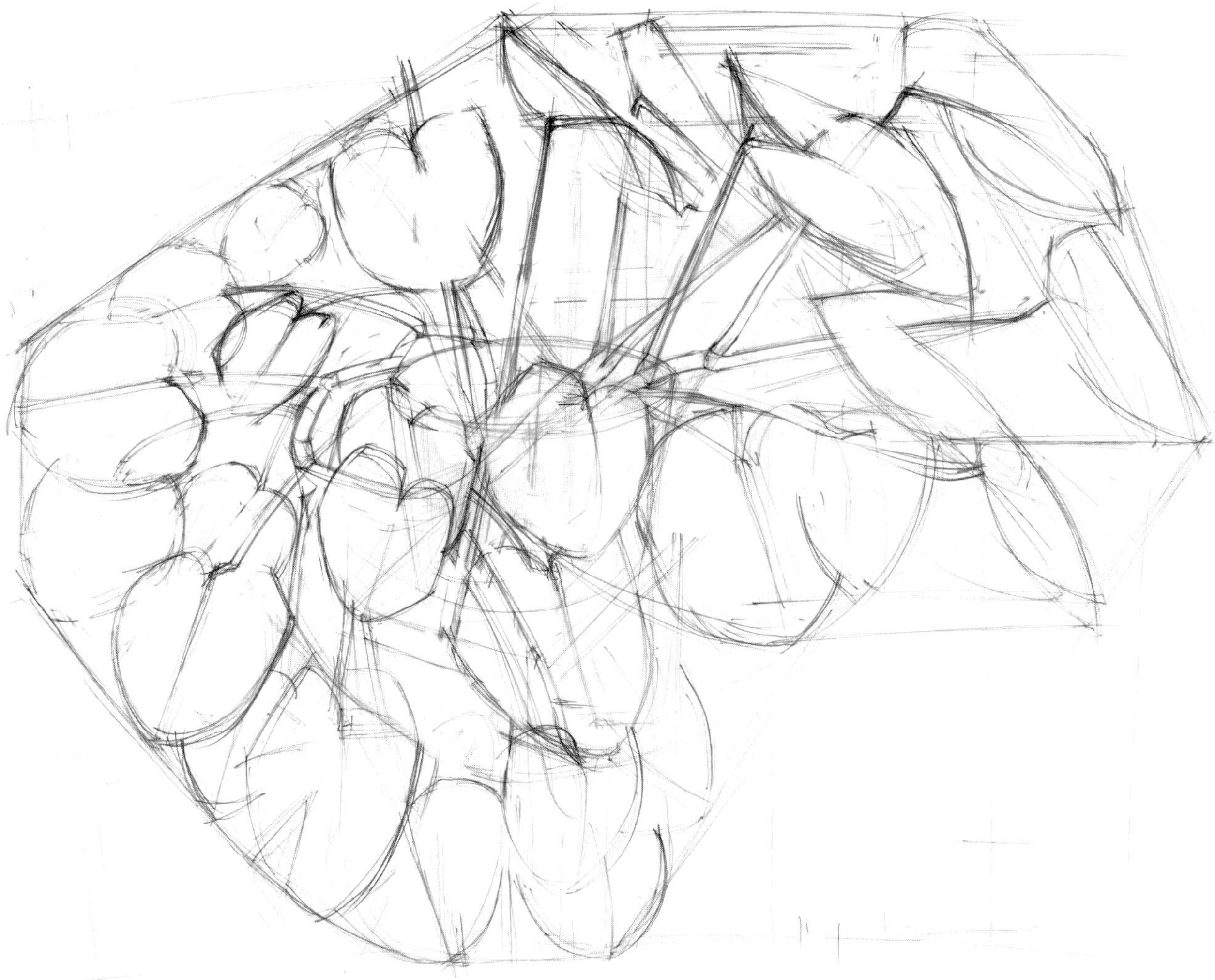

Bleistift gilt als Maßstab. Mit ihm lassen sich die Proportionen relativ genau abschätzen, so ist z. B. die linke obere Schräge fast genauso lang wie die obere Waagrechte, die Spitze des unteren Blattes liegt etwas links von der Mitte der Gesamtbreite usf.
Die Maßverhältnisse werden in der Regel durch die weitere Arbeit noch korrigiert. So reicht das Blatt rechts außen über die ursprüngliche Begrenzung hinaus (leichter Strich rechts).
Der nächste Schritt, der ebenfalls noch auf der ersten Abbildung zu sehen ist, befaßt sich mit der Lage der Blätter. Diese wurden, soweit möglich und sinnvoll, zu Bändern

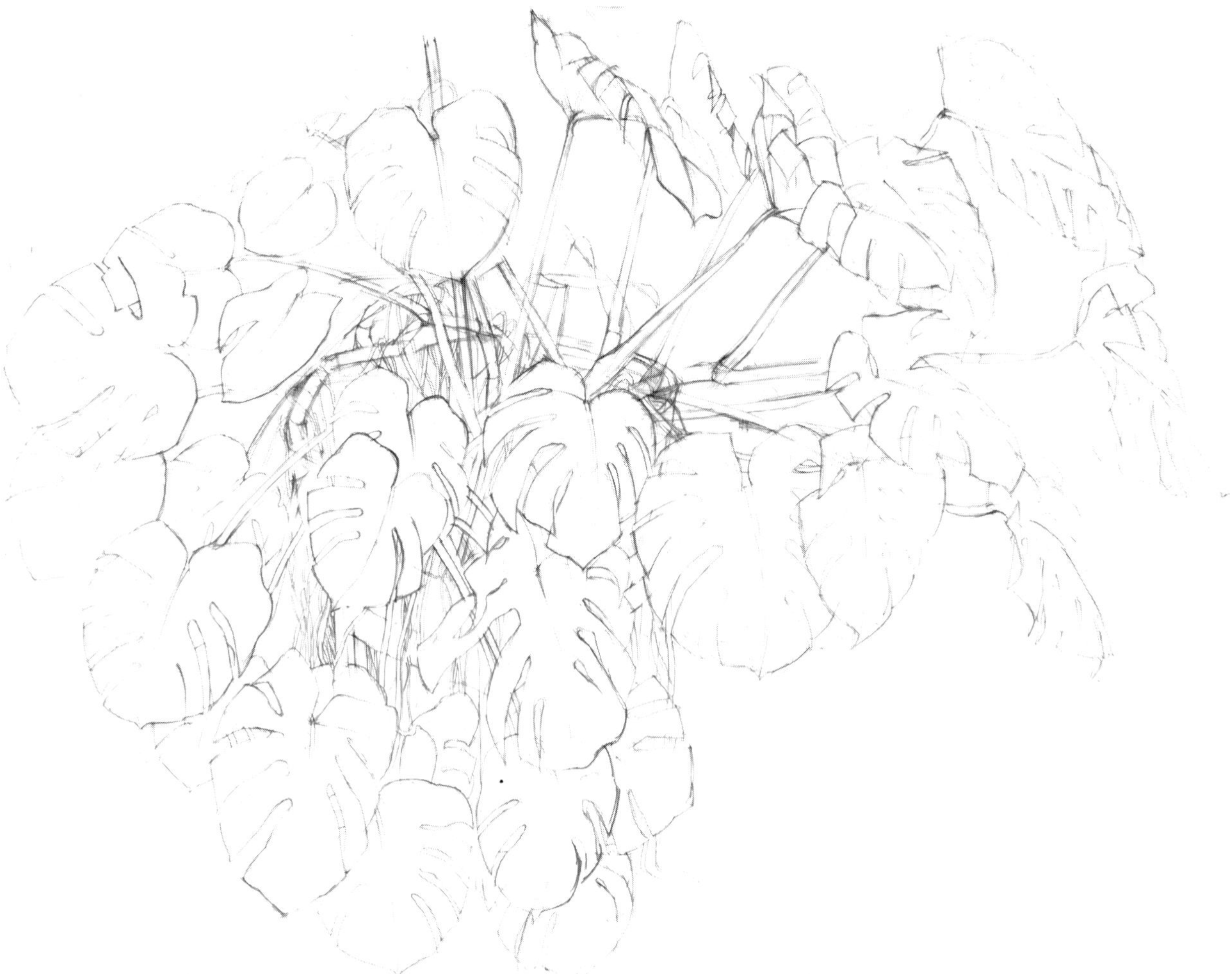

zusammengefaßt. Auch die Richtungen der Stiele dienen zur Orientierung. Es sei an dieser Stelle an die Baumzeichnung von Seite 6 erinnert, bei welcher auch die Zwischenräume in ihren Formen und Maßverhältnissen genauso berücksichtigt wurden wie die sichtbaren Gegenstände. Die Blattformen werden in ihren groben Umrissen wiedergegeben. Auch hier genügt nicht eine ungefähre Notiz. Nein, Richtung, Größe und einzelne Formen müssen stimmen.

Die zweite Abbildung gibt die Stiele und die Ranke wieder, von der aus die Stiele ausgehen. Damit die Anlage nicht allzu unübersichtlich gerät, empfiehlt es sich, nur die prägnanten Formen, d.h. die klar sichtbaren Stiele einzuzeichnen. Alles andere ist Beiwerk, das noch später hinzugefügt werden kann.
Obwohl bei dem gezeichneten Objekt Topf und Hocker kaum auszumachen waren, wurden beide skizzenhaft angegeben, so, als ob die Pflanze durchsichtig wäre. Nur so

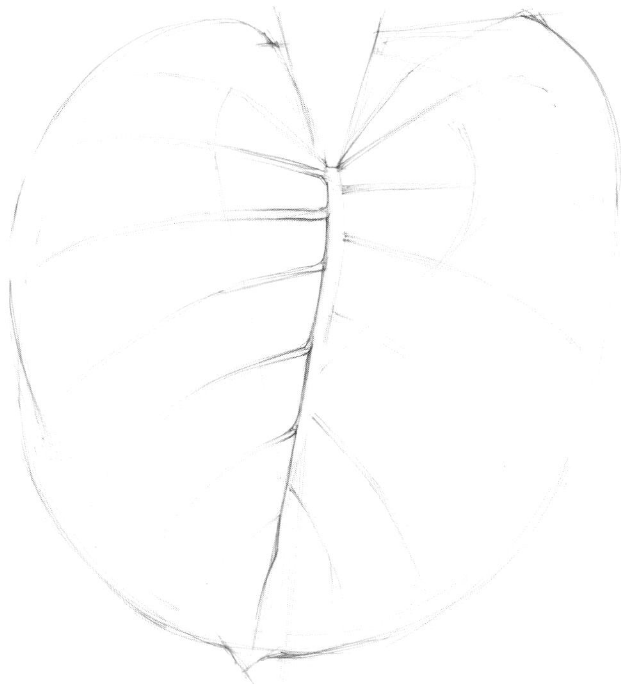

war gewährleistet, daß die wenigen sichtbaren Teile von Topf und Hocker sich der Gesamterscheinung logisch einordneten.
Der letzte Schritt bestand nun darin, die groben Formen exakter wiederzugeben. Die Einschnitte der Philodendronblätter brachten nun das Problem, daß die Blätter Durchblicke eröffneten. Blätter und Stiele mußten entsprechend der zweiten Abbildung in den Zwischenräumen ergänzt werden. Schließlich konnten noch einige Blätter, Stiele und vor allem die Luftwurzeln, die für die zeichnerische Entwicklung keine Rolle spielten, eingefügt werden. Dabei wurde die Freiheit genommen, abweichend vom realen Vorbild auch dort Luftwurzeln einzuzeichnen, wo sie gar nicht vorhanden waren bzw. wegzulassen, obwohl solche vorhanden waren. So wurde neben dem Eindruck einer verwirrenden Fülle noch der gestalterische Gesichtspunkt vom Wechsel zwischen verdichteten und aufgelockerten Zonen berücksichtigt.

Es muß nochmals darauf hingewiesen werden: stimmt die Anlage, so bildet die Ausführung selbst kaum noch Schwierigkeiten. Man sollte sich also von den anfänglichen Schwierigkeiten nicht entmutigen lassen.
Das Format der Originalzeichnung ist nahezu dreimal so groß wie die Abbildung. Selbst dieses große Format ist für eine Zeichnung des Philodendrons die untere Grenze. Bei kleinen Formaten ist der notwendige Überblick wegen der erforderlichen Hilfskonstruktionslinien nicht mehr zu gewährleisten.

Philodendronblatt

Die zeichnerische Entwicklungsreihe eines Philodendronblattes von vorne und von der Seite soll eine Vorgehensweise demonstrieren, die auf alle Arten von Blättern angewendet werden kann. Ausgangspunkt ist die Gesamtform. Sie entspricht etwa einem Oval, das entsprechend

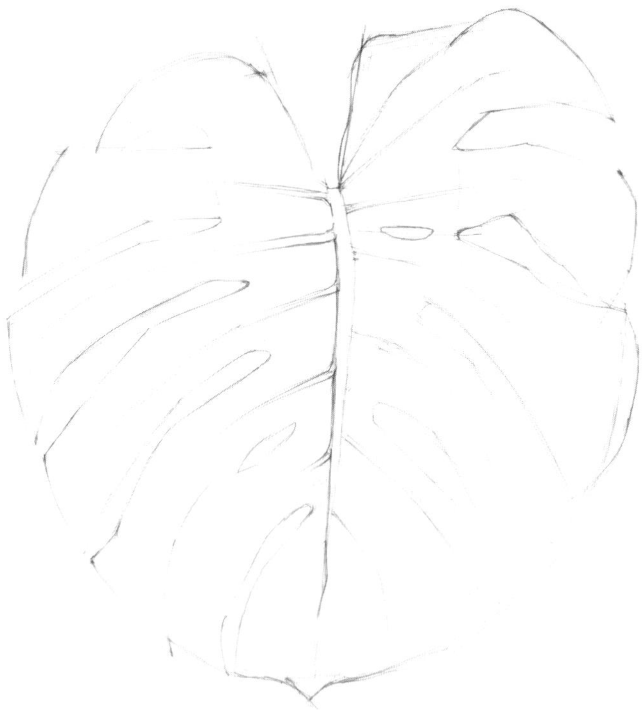

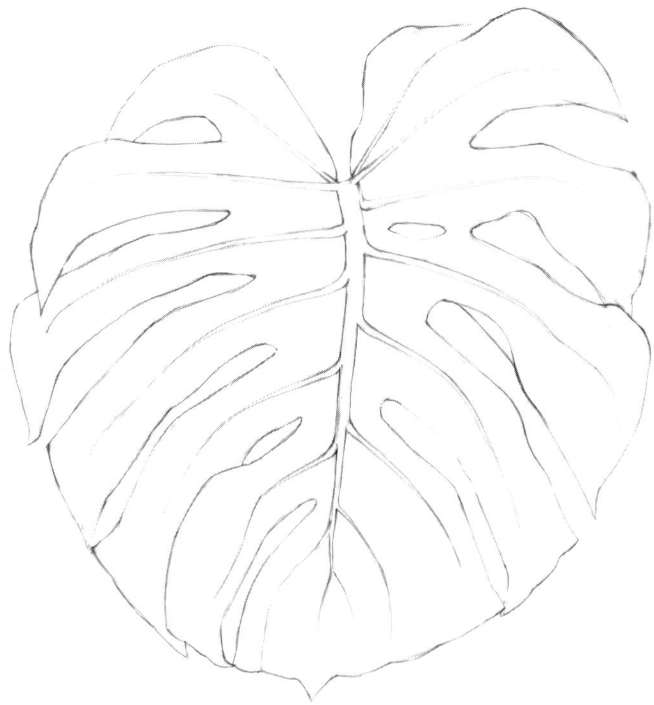

dem konkreten Vorbild teils abgeflacht, teils nach außen erweitert ist. Auf dem Bild rechts, Seite 23, sind dieser Gesamtform die Rippen, die eigentliche „Architektur“ des Blattes, eingezeichnet. Hilfslinien deuten an, wo die Blatteinschnitte enden. Das dritte Bild zeigt bereits eine differenzierte Darstellung der äußeren Umrißlinie und der Einschnitte, so wie diese am konkreten Vorbild zu erkennen waren. Das fertige Bild kennzeichnet lediglich die Phase der zeichnerischen Ausführung.

Die Vorgehensweise bei der **Blattdarstellung von der Seite** ist genau dieselbe. Die Schwierigkeit besteht nun im genauen Erfassen der Form, welche sich nicht mehr – wie bei dem Blatt von vorne – ausgebreitet darbietet, sondern verdreht ist und in die Tiefe verläuft. Die große Form genau abzuschätzen, ist jetzt noch wichtiger, da sich sonst die Einzelformen nicht sinnvoll einfügen lassen (Bild Seite 25).

Die zweite Phase zeigt die Einschnitte. Einige „Blattfinger“ überschneiden sich. Zum Teil biegen sie sich und zeigen einmal die Untersicht, zum anderen die Aufsicht oder umgekehrt. Die drei Skizzen rechts oben demonstrieren diese schwierige Darstellung an dem durch die Pfeile (großes Blatt oben) gekennzeichneten Ausschnitt. Ausgangspunkt ist auch hier die durch Beobachtung festgelegte Gesamtform (links), der die Blattformen eingeschrieben sind (rechts). An einem gleichmäßigen Band ist seitlich oben die Bogenzeichnung demonstriert. Die beiden Begrenzungslinien werden in parallelen Bögen gezeichnet. Die Pfeile von unten zeigen die Endpunkte des Bandes an, die Pfeile von oben zeigen die Enden eines nach außen verbreiterten Blattes. Die etwas aus der Mitte versetzte Linie gibt den Verlauf der Blattrippe wieder. Die Pfeile in der unteren Detailzeichnung zeigen die Bögen (Begrenzungen und Blattrippe) des konkreten Vorbildes. Der Blattfinger links greift hier mit seiner Spitze unter den rechten.

Die dritte Phase (Endzustand, großes Blatt unten) berücksichtigt die Formen, die von der Gesamtform geringfügig abweichen.
Die Detailskizzen links oben zeigen in drei Schritten, wie das seitliche wellenförmige Band des Stielendes zeichnerisch erfaßt wird.
Die beiden Detailskizzen unten geben die eigentümliche Form des Staudenstammes wieder, aus dem die Stiele herauswachsen. Er ist aus einzelnen Elementen zusammengesetzt, die einen etwa runden Durchschnitt mit einer abgeplatteten Seite aufweisen. Einzelne Kerben bzw. Narben deuten diese Form ebenfalls an. Die gebogenen Blätter sind wie oben konstruiert. Die untere gestrichelte Linie steht für die Blattrippe. Die gestrichelte Linie oben zeigt den Verlauf der hinteren Blattbegrenzung. Die Schraffur oben kennzeichnet einen vertrockneten Blattrand. Er ist für die Konstruktion unerheblich, verwirrt aber oft beim beobachtenden Erfassen. In der zweiten Zeichnung sind die Hilfslinien getilgt.

Studie: Mais Seite 26/27
Die Detailzeichnung von Stiel, Blattansatz, Blatt und Fruchtkolben des Maises soll grundsätzlich einige zeichnerische Details klären, die dann auch auf andere Pflanzen übertragen werden können.
Das Wichtigste beim Pflanzenzeichnen ist die Klärung des Sachverhalts. Dazu benötigt man nicht unbedingt botanische Kenntnisse.
Den Stiel zeichnet man genauso wie die Baumäste auf Seite 4/5, legt die Hauptrichtung fest und trägt danach die Abweichungen ein. Auch hier gilt die Regel, daß diese Abweichungen meist sehr geringfügig sind. Beim Mais ist der blanke Stiel selten zu sehen, da er meist von einem Blatt umwickelt ist, das an den Knotenpunkten (1) des Stieles be-

1
2
3
4
5
6

ginnt. Die Form dieser den Stiel gliedernden „Knoten" gehorcht dem gleichen Prinzip, auch wenn die Maßverhältnisse sehr unterschiedlich, die Formen teils regelmäßig, teils stark unregelmäßig sein können (1, 2, 5). Man sollte auch unbedingt darauf achten, ob die zu zeichnende Stelle gerade auf der Augenhöhe oder darunter bzw. darüber liegt (1, 2, 5). Die Gliederung des Knotenprofils wird dementsprechend als gerade Linie (1) oder als Oval wiedergegeben (2, 5). Das Oval wird für die konsequente Konstruktion des Blattansatzes, bei 2 des Kolbenblattes benötigt. Bei 2 ist das Blatt kurz über dem Ansatz unter der Last des Kolbens gerissen. Man sollte jedoch aus einer Zeichnung erkennen, wie die ursprüngliche Ausgangsform ausgesehen hat. Bei 1 und 5 ist das Blatt um den Stiel gewickelt. Die andeutungsweise Wiedergabe der Blattfasern veranschaulicht die körperhafte Form der Wölbungen und Mulden. Diese sollten jedoch immer so gering ausfallen, daß man unter dem Blatt den Stiel spüren kann. Bei 5 überlappt der Blattrand den Stiel. 4 und 5 zeigen, wie sich das Blatt – etwa wie ein hochstehender weiter Kragen – öffnet und vom Stiel wegklappt. Die Konstruktionszeichnung sollte auch die hinteren Teile mitberücksichtigen, die man nicht sieht. (Siehe gestrichelte Linie bei 4!) Besonders wichtig ist diese „durchsichtige" Zeichnung, wenn das Blatt wie bei 6 in sich gedreht ist (siehe Linienzeichnung!): links das Blatt von der Seite, rechts Blattansatz von vorne wie eine Schale, in welcher der Stiel steht. Die Schemazeichnung darunter gibt an, wie unterschiedlich sich die Blatthälften von der Blattmittelachse wegneigen.
In der vereinfachten Zeichnung (6 unten) ist das Blatt einmal von oben, zum andern von unten zu sehen. Die Blattränder sind in großen Bögen, die sich in der Spitze treffen, wiedergegeben. Der nicht sichtbare Teil des hinteren Bogens ist mit leichtem Strich skizziert. Man kann nun diesen Wechsel von Auf- und Untersicht auf mehrfach gedrehte Blätter wie oben übertragen. Die ausgeführte Zeichnung des vertrockneten Maisblattes zeigt eine körperhafte Modellierung. Die Fasern zeichnen sich wie ein Relief ab und unterstützen mit ihrem Verlauf den Eindruck der Drehung.
Analog zum Stiel kann der Fruchtkolben dargestellt werden. Auch hier ist eine Kernform verpackt, diesmal aber von mehreren Blättern, die wie hohle Ziegel oder Schuppen übereinandergeschichtet sind (3). Die Schattengebung unterstützt diesen Eindruck. Man muß jedoch darauf achten, daß mit den Schatten die Gesamtform nicht

zergliedert wird. Beim Kolbenansatz ist das Blatt gerafft. Es schlägt hier Falten. Man kann auch hier mit der Schattengebung die Straffheit des über den Kolben gespannten Blattes veranschaulichen. Man sollte jedoch nicht dem grafischen Reiz der durch die Schatten herausgehobenen Fasern erliegen, da sonst die Kernform den Eindruck der Körperhaftigkeit einbüßt.
Die Maisstauden auf Seite 27 wurden mit Tusche und einem dicken Japanpinsel auf Ingrespapier gezeichnet. Die freie Zeichnung – ohne Bleistiftvorzeichnung – läßt eine exakte Darstellung nicht zu. Dennoch sollte man gerade hier über den Aufbau der Pflanze, wie er oben besprochen wurde, Bescheid wissen. Die so vermittelte Sicherheit gibt mehr Raum für die gestalterische Freiheit. Diese besteht in einer engen zeichnerischen, gitterartigen Durchdringung der Pflanzen, wobei der „trockene" Strich mit seinen Zufälligkeiten die allmählich vertrocknenden Blätter zu charakterisieren vermag.
In Japan und China wurde die Pinselzeichnung zur höchsten Blüte geführt. Die Sicherheit des Pinselstriches beruhte dabei vor allem in der Verwendung des Pinsels als Schreib- und Zeichengerät. Die ostasiatische Kunst ist auch dadurch gekennzeichnet, daß man sich dem Objekt zuvor in vielen Studien und meditativer Betrachtung nähert.

Berberritze 4. Umschlagseite
Die fächerartig ausgebreiteten Zweige dieses Gewächses legten eine dekorative Lösung nahe, für dessen Verwirklichung ein Haarpinsel und mit Wasser verdünnte Tusche gewählt wurden. Dort, wo Blätter und Zweige sich überlagerten, konnte die oberste Schicht durch nochmaliges Übermalen dunkler gemacht werden. So heben sich alle Einzelheiten deutlich ab.
Die Richtung der Blättchen wurde variiert, die Form der Zwischenräume unterschiedlich gestaltet. Hält man sich an das Naturvorbild, so stellt sich diese angestrebte Differenzierung wie von selbst ein.

Heckenrose Seite 29
Die von einer verwirrenden Blattfülle umschlossene Knospe der Heckenrose wurde als Beispiel für jene Pflanzen gewählt, bei denen die botanische Ordnung kaum noch zu erkennen ist.
Bei dem gewählten Objekt hätte man die Blätter abreißen müssen, um auf den Kern, d.h. die Knospe zu gelangen. Damit wäre aber die Pflanze zerstört worden. Man sucht in vorläufigen Skizzen die wesentlichen Linien zu erfassen. Dabei ist es ratsam, die Pflanzen von allen Seiten zu betrachten, um sich dann für die günstigste Ansicht zu entscheiden.
Die erste Abbildung zeigt einen Auszug. In ihm sind die Hauptlinien und der Kernpunkt festgelegt, nicht in botanischer, sondern formaler Hinsicht. Die durchgezogenen Linien stehen dabei für die Seitenansicht. Die gestrichelte Linie bezeichnet einen Blattrand, der nach rechts vorne läuft, die gepunktete Linie ein Blatt, das sich nach rechts hinten neigt.
Der erste Zustand der Zeichnung weist mehrere, ebenfalls wesentliche Linien auf. Zufällige Abweichungen von dem jeweiligen Verlauf sind noch nicht berücksichtigt. Bereits jetzt wurde die Schraffur eingesetzt. Sie half, bereits in dieser frühen Phase die Form zu klären, was bei einer reinen Linienzeichnung bei fortgeschrittenem Zustand nur noch schwer möglich ist.
Sollte man sich zu einer schraffierten Zeichnung entschließen, ist es ratsam, möglichst früh Linienzeichnungen und Schraffur im Zeichenprozeß miteinander zu verbinden. Insofern ist das Beispiel des Trompetenbaumes, 1. Umschlagseite, mit Vorbehalt aufzunehmen, da bei dessen Zeichnung die Schraffur erst nachträglich aus methodischen Gründen eingefügt wurde.
Die fertige Zeichnung zeigt unterschiedliche Grade der Verwirklichung; teils sind die Einzelheiten in körperhafter Illusion dargestellt, teils blieb eine skizzenhafte Linie bzw. Schraffur aus einem früheren Zustand bis zum Schluß erhalten. Dennoch erscheint die Zeichnung fertig. Diese Wirkung liegt in der oben beschriebenen gleichzeitigen Berücksichtigung von Linienzeichnung und Schraffur begründet. Die genauer durchgearbeiteten Partien bleiben so immer in das Gesamtbild eingebunden. Es ist auch nicht nötig, die Darstellung weiter auszuführen, da der wesentliche Sachverhalt zum Ausdruck kommt. Außerdem belebt der skizzenhafte Charakter einzelner Zonen die gesamte Zeichnung.
Es wurde ein Kugelschreiber mit extrem feiner Mine verwendet. Dieser gestattet eine ausgesprochen freie Strichführung und – was erstaunlich ist – sogar eine Differenzierung des Striches.

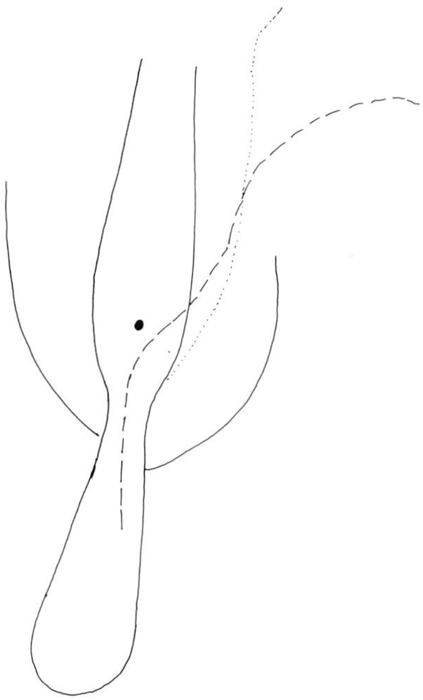

Struktur

Die Gewächshäuser der botanischen Gärten bringen den Formenreichtum tropischer Wälder auch in kältere Regionen. In der Skizze oben wurden zuerst mit einem harten, dann mit einem weichen Bleistift die einzelnen Blattformen notiert. Bei der dekorativen Lösung war es nicht nötig, die einzelnen Formen bis in die letzte Einzelheit

miteinander zu verbinden. Andererseits wurde darauf geachtet, daß der organische Zusammenhang zumindest glaubwürdig blieb. Auf dieselbe Art kann man auch den Formenreichtum von Mischwäldern, Parkanlagen und Gärten gestalten oder im Kontrast architektonischer und natürlicher Strukturen zeichnerische Spannung erzielen.

Eberhard Brügel lehrt Kunstdidaktik in Freiburg im Breisgau. Durch zahlreiche Einzelausstellungen im In- und Ausland wurde Brügel als Zeichner auf hohem künstlerischem Niveau bekannt. Bei Christophorus erschien von ihm „Kompaktkurs Zeichnen".

Die Deutsche Bibliothek –
CIP-Einheitsaufnahme
Brügel, Eberhard:
Kleine Zeichenschule/
Eberhard Brügel. –
Freiburg im Breisgau:
Christophorus-Verlag
NE: HST
Z 4. Pflanzen und Bäume. – 1991
ISBN 3-419-53074-9

Umschlaggestaltung und Layout:
Michael Wiesinger
Herstellung:
Freiburger Graphische Betriebe 1991